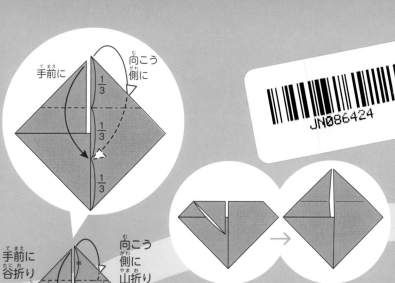

手前に　向こう側に

$\frac{1}{3}$

$\frac{1}{3}$

$\frac{1}{3}$

手前に谷折り　向こう側に山折り

折りすじをつける。

パーツⒶの完成！

つの　つの

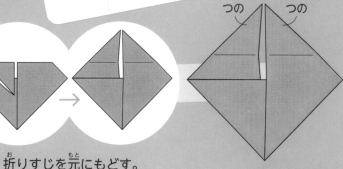

折りすじを元にもどす。

向こう側に山折り　手前に谷折り

折りすじをつける。

パーツⒷの完成！

つの　つの

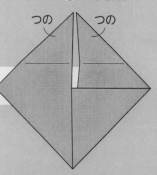

折りすじを元にもどす。

さいごにつのを折りこむ。

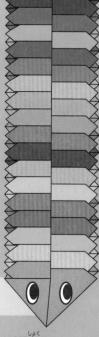

合体のしかた

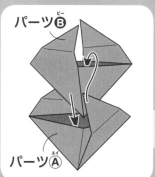

パーツⒷ

パーツⒶ

ⒶのコップのようになっているところにⒷをさしこむ。

合体パーツ完成！

つのをⒷのコップのようになっているところにさしこんで合体

うら側も

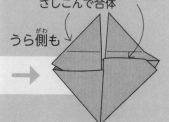

この合体パーツを17色つくる。

つぎの色の合体パーツ

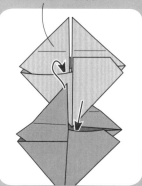

つぎつぎとさしこんでつないでいく。

17色の合体パーツがつながった！

SDGsのきほん
貧困 目標1

著・稲葉茂勝　監修・渡邉 優
編さん・こどもくらぶ

SDGs基礎知識 〇✕クイズ

Q1 SDGsの目標1は、「あらゆる場所のあらゆる形態の貧困を終わらせる」である。

Q2 SDGsの目標1のロゴマークに書かれている「貧困をなくそう」は、目標を短くいいあらわした言葉で、「テーマ」とよばれている。

Q3 SDGs目標1は、開発途上国で見られる死に直面する絶対的貧困の解消にかぎられている。

Q4 極度の貧困とは、1日10ドル（約1000円）未満の生活のことである。

Q5 日本では、相対的貧困に苦しむ人は年ねん減少している。

Q6 SDGsができる前に人類が目標としていたMDGsには、「極度の貧困と飢餓の撲滅」という目標があった。

Q7 日本の国内総生産（GDP）総額は、アメリカについいで世界第2位である。

Q8 経済協力開発機構（OECD）のなかで相対的貧困率がいちばん高い国は、アメリカである。

Q9 日本では2012年に、子どもの貧困率が全体の貧困率を上回った。

Q10 日本の子ども食堂は、貧困家庭の子どもたちのための場である。

答え **Q1** 〇 (→p10)　**Q2** 〇 (→p10)　**Q3** ✕ (→p10)　**Q4** ✕ (→p 6)　**Q5** ✕ (→p16)　**Q6** 〇 (→p26)　**Q7** ✕ (→p11)　**Q8** 〇 (→p17)　**Q9** 〇 (→p29)　**Q10** ✕ (→p25)

びわの木のおうち

文／高橋秀雄　絵／やないふみえ

ショウタ4年生、ユウキ2年生の兄弟が、
まだ新しい学校になじめなかったときのことだった。
そんな2人をさそったのは、ユウイチくんだった。
「子ども食堂にいってみない？　ごはんおいしいよ」

入口に大きなびわの木があるおうちには、小学1年生から高校生までたくさんいた。
ショウタもユウキもびっくり！　それでも、すぐになかま入りした。
2人は転校してきてはじめて思いっきり楽しんだ。

1

ママが帰ってきたのは、夜9時すぎだった。

ごめんね、お腹すいたでしょ。
すぐにごはんつくるからね

びわの木のおうちで
食べさせてもらったんだ

さそわれていったから、
よくわからないんだけど、
いろんな人があそんでいる家で
夕ごはんも出るんだよ

そうなのね……

ママはそれ以上聞かなかった。
子ども食堂のことを知っていたからだ。
「ママ、毎週やっているんだ。いってもいい？」
「いいわよ。いいところみたいね。
どんなようすか教えてね」

ママとパパは離婚。このまちでママとくらすようになったショウタとユウキは、この日、新しい学校でやっていけると感じた。いっきになかまがふえたからだ。

その日も、ママが帰ってきたのはおそかった。
「ただいま、びわの木のおうちは、どうだった？」
「楽しかったよ、ツクダさんがごはんつくってくれたよ」
　ショウタがママに話していると、ユウキが、「来週もいく！」

うまかったなぁ

そう、よかったわ

「いいわよ。ママもつれてってよ〜」
「うん、聞いてみるね」と、ショウタ。
「でも、1つお願いね。
ママのつくるごはんも食べてね」
「わかった。うまくやる〜」と、ユウキ。
「食べすぎないでね」と、ママ。

4

きょう、びわの木のおうちでは、うどんをつくることになった。
みんなは、「ただいま」って入ってくる。
先にきている人は、「お帰り」ってむかえる。
「はじめるか」とツクダさんが声をかけた。

ママはたまの休みに、びわの木のおうちにくるようになった。
ボランティアさんたちといっしょに、みんなであそんでる。
ママもびわの木のおうちのなかまに入れて、安心したみたいだ。

この地図は、各国の「絶対的貧困」の割合に色をつけて示したものです。

いま、世界には絶対的貧困の生活をしている人が7億3000万人以上（およそ世界人口の10％）いると予想されています。

「絶対的貧困」とは

「絶対的貧困」とは極度の貧困のことで、世界銀行の定義では、1日1.9ドル未満で生活しなければならない状態です。

1.9ドルというのは、日本円に換算すると約200円。衣食住などすべてふくんで1日200円未満の生活です。そうした生活をしている人たちは、生きていくのに必要な食べ物も水もなく、子どもは学校にもいけません。学校にいけない子どもは、おとなになっても高い収入を得る仕事につけません。子どもをもつようになっても、その子どもも、貧困から脱出できない状態が続くのです。

●各国の絶対的貧困の割合
上位5か国

3位 ブルンジ 71.8
1位 マダガスカル 77.6%
4位 マラウイ 70.3%
2位 コンゴ民主共和国 76.6%
5位 ギニアビサウ 67.1%

「世界の貧困」

ぼくの名前はG'sくん。
このシリーズのナビゲーターだよ。
くわしくは『入門』の巻を見てね。

G'sくん ➡

アメリカや日本など
先進国のなかにも貧困はあるよ。
10ページを見てごらん。
どうしたらいいのかな？
この本をよく読んでね。

カナダ

アメリカ合衆国

セントクリストファー・ネービス
アンティグア・バーブーダ
ドミニカ
セントルシア
セントビンセント及び
グレナディーン諸島
バルバドス
グレナダ
トリニダード・トバゴ

ベリーズ　バハマ
メキシコ　キューバ　ハイチ
ジャマイカ
グアテマラ　ホンジュラス　ドミニカ
ニカラグア　共和国
コスタリカ
エルサルバドル　パナマ　ベネズエラ
コロンビア　ガイアナ　スリナム
エクアドル
ペルー　ブラジル
ボリビア
パラグアイ
チリ　ウルグアイ
アルゼンチン

モンゴル
朝鮮民主主義
人民共和国
大韓民国　日本
ラオス
タイ
ベトナム
フィリピン
カンボジア
ブルネイ
シンガポール
インドネシア
東ティモール
パプア
ニューギニア
マーシャル諸島
ミクロネシア
パラオ
ナウル
キリバス
ソロモン諸島
ツバル
バヌアツ　サモア
フィジー　ニウエ　クック諸島
トンガ
オーストラリア
ニュージーランド

1日に1.9ドル未満でく
らす人の割合（2018年）

- 0.5％未満
- 0.5−2％未満
- 2−10％未満
- 10−25％未満
- 25−50％未満
- 50％以上
- データなし

出典：WHO「The Global Health
Observatory」

●地域ごとの絶対的貧困の割合

- アフリカ（サハラ砂漠より南の地域）42.29％
- 南アジア地域　16.14％
- 中東・北アフリカ　7.19％
- ラテンアメリカ・カリブ海地域　4.40％
- 東アジア・オセアニア地域　1.34％
- ヨーロッパ・中央アジア地域　1.19％
- その他先進国　0.67％

出典：世界銀行（2018）アフリカは2015年、
南アジア地域は2013年のデータです。

はじめに

　みなさんは、このシリーズのタイトル「SDGs のきほん」をどう読みますか？「エスディージーエスのきほん」ではありませんよ。「エスディージーズのきほん」です。

　SDGs は、英語の SUSTAINABLE DEVELOPMENT GOALs の略。意味は、「持続可能な開発目標」です。SDG がたくさん集まったことを示すためにうしろに s をつけて、SDGs となっているのです。

　SDGs は、2015 年９月に国連の加盟国が一致して決めたものです。17 個のゴール（目標）と「ターゲット」という「具体的な目標」を 169 個決めました。

SDGsバッジ

　最近、右のバッジをつけている人を世界のまちで見かけるようになりました。SDGs の目標の達成を願う人たちです。ところが、言葉は知っていても、「内容がよくわからない」、「SDGs の目標達成のために自分は何をしたらよいかわからない」などという人がとても多いといいます。

　ということで、ぼくたちはこのシリーズ「SDGs のきほん」をつくりました。『入門』の巻で、SDGs がどのようにしてつくられたのか、どんな内容なのかなど、SDGs の基礎知識をていねいに見ていき、ほかの 17 巻で１巻１ゴール（目標）ずつくわしく学んでいきます。どの巻も「絵本で考えよう！SDGs」「世界地図で見る」からはじめ、うしろのほうに「わたしたちにできること」をのせました。また、資料もたくさん収録しました。

　さあ、このシリーズをよく読んで、みなさんも人類の一員として、SDGs の目標達成に向かっていきましょう。

稲葉茂勝

SDGが
たくさん集まって、
SDGsだよ。

もくじ

① そもそも貧困とは？

どこの国にも、お金持ちもいれば、貧困に苦しむ人もいます。
でも、貧困の程度は、国によって大きくちがっています。
同じ国のなかでも、1人ひとりの貧困のようすは千差万別です。

「NO POVERTY」の意味

SDGsの1つ目の目標の「テーマ」*は、英語で「NO POVERTY」、日本語では「貧困をなくそう」です。目標は、英語と日本語で、それぞれつぎのようになります。

1 貧困をなくそう

• End poverty in all its forms everywhere
• あらゆる場所 のあらゆる形態の貧困を終わらせる
　(everywhere)　　(all its forms) (poverty)　(end)

死に直面する絶対的貧困

現在、ヨーロッパやアメリカ、日本などの経済大国が「先進国」、それ以外のほとんどの国は「開発途上国」とよばれています。開発途上国の貧困の程度は、先進国の貧困とは大きくちがいます。生きていくことさえできないほどの、また、人間として最低限の生活ができないような「絶対的貧困」に苦しんでいます。

先進国にもある相対的貧困

先進国にくらす人びとの多くは、豊かな生活を送っています。でも、そのなかにも、毎日の生活に苦労し、「相対的貧困」の生活を送っている人が非常に多くいます。そのような人びとには仕事がなく、あったとしても収入はわずかです。そのため、自分の生活をよくする機会がほとんどありません。

「相対的貧困」は、同じ国のなかの豊かなくらしとくらべて、貧しい状態をさす言葉です。ある国の国民1人あたりの平均所得の半分以下しか所得がないことを「相対的貧困」とよんでいます。たとえば、平均所得が200万円だとした場合、その半分の100万円以下しか収入のないくらしのことです。

貧困には2種類あるんだね。絶対的貧困と相対的貧困だよ。

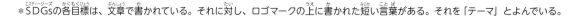

*SDGsの各目標は、文章で書かれている。それに対し、ロゴマークの上に書かれた短い言葉がある。それを「テーマ」とよんでいる。

世界の国内総生産（GDP）

「GDP」は、英語の「Gross（総計）Domestic（国内の）Product（生産物）」の頭文字で、日本語では「国内総生産」といっています。

GDPをひとことでいえば、ある国のなかで1年間に生産されたものやサービスの総合計額のことです。

これまで世界におけるGDPのトップは、ヨーロッパやアメリカ、そして日本などの一部の国や地域に集中していました。でも、近年急速に経済成長をとげた中国が、2010年に日本をぬいて、世界第2位となりました。一方アフリカの国ぐにには、人口では世界全体の15.8%をしめていながら、GDPの合計は、世界全体の3%です。しかも、アフリカのサハラ砂漠より

南に位置する国ぐにはGDPが非常に低い状態にあります。それらの国ぐにでは、1日1.9ドル未満で生活している絶対的貧困に苦しむ人たちが人口の4割以上という状態です。

もっとくわしく
先進国・開発途上国・新興国

少数の先進国と多数の開発途上国で構成されている現代の世界では、少数の先進国が富の多くをにぎっている。それでも、近年、先進国ではなかった国のなかでも経済がいちじるしく成長している国が出てきた。それが「BRICS」とよばれる、ブラジル（Brazil）、ロシア（Russia）、インド（India）、中国（China）、南アフリカ（South Africa）の「新興国」だ。

●国・地域別GDPランキング（2018年）

順位	国・地域名	GDP	順位	国・地域名	GDP	順位	国・地域名	GDP	順位	国・地域名	GDP	順位	国・地域名	GDP
1	アメリカ	20,580,250	21	台湾	589,906	41	パキスタン	314,588	61	エクアドル	108,398	81	タンザニア	56,852
2	中国	13,368,073	22	ポーランド	585,816	42	チリ	298,180	62	スロバキア	106,573	82	レバノン	56,372
3	日本	4,971,767	23	スウェーデン	556,073	43	バングラデシュ	288,424	63	アンゴラ	105,902	83	マカオ	54,545
4	ドイツ	3,951,340	24	ベルギー	532,268	44	フィンランド	274,210	64	プエルトリコ	101,131	84	スロベニア	54,059
5	イギリス	2,828,833	25	アルゼンチン	519,487	45	エジプト	249,559	65	ベネズエラ	98,437	85	リトアニア	53,302
6	フランス	2,780,152	26	タイ	504,928	46	チェコ	245,226	66	スリランカ	88,901	86	セルビア	50,509
7	インド	2,718,732	27	オーストリア	456,166	47	ベトナム	241,272	67	ケニア	87,928	87	ウズベキスタン	50,485
8	イタリア	2,075,856	28	イラン	446,105	48	ポルトガル	240,901	68	ドミニカ共和国	85,630	88	コンゴ民主共和国	47,099
9	ブラジル	1,867,818	29	ノルウェー	434,167	49	ルーマニア	239,552	69	エチオピア	80,289	89	アゼルバイジャン	46,940
10	韓国	1,720,489	30	アラブ首長国連邦	414,179	50	ペルー	225,366	70	オマーン	79,277	90	コートジボワール	43,048
11	カナダ	1,712,479	31	ナイジェリア	398,186	51	イラク	224,228	71	グアテマラ	78,461	91	ヨルダン	42,291
12	ロシア	1,657,290	32	アイルランド	382,754	52	ギリシャ	218,230	72	ルクセンブルク	69,553	92	パラグアイ	41,854
13	スペイン	1,427,533	33	イスラエル	370,588	53	ニュージーランド	203,127	73	ミャンマー	68,668	93	リビア	40,951
14	オーストラリア	1,420,045	34	南アフリカ	368,135	54	カタール	191,362	74	ガーナ	65,518	94	トルクメニスタン	40,761
15	メキシコ	1,222,053	35	シンガポール	364,139	55	アルジェリア	173,757	75	ブルガリア	65,197	95	ボリビア	40,581
16	インドネシア	1,022,454	36	香港	362,721	56	カザフスタン	172,941	76	パナマ	65,055	96	チュニジア	39,895
17	オランダ	914,519	37	マレーシア	358,579	57	ハンガリー	161,182	77	クロアチア	60,805	97	カメルーン	38,712
18	サウジアラビア	786,522	38	デンマーク	352,058	58	クウェート	141,646	78	コスタリカ	60,464	98	バーレーン	37,746
19	トルコ	771,274	39	コロンビア	330,974	59	ウクライナ	130,857	79	ウルグアイ	59,651	99	ラトビア	34,882
20	スイス	705,546	40	フィリピン	330,910	60	モロッコ	118,534	80	ベラルーシ	59,643	100	スーダン	34,282

＊GDPの金額の単位は100万ドル。

出典：IMF（International Monetary Fund）

② 国のなかにある「貧富の差」

現在の日本は、アメリカについで貧富の差が大きい国だといわれています。
豊かであっても経済格差が非常に大きいのです。

豊かな国のなかの貧困についても考えてね。

貧困率とは?

貧困の基準は、国によってちがいます。豊かな国のなかでは「貧しい人」も、貧しい国にいけば、「豊かな人」という分類に入ることがよくあります。

そこで、その国の平均所得の半分以下しか所得がない、相対的貧困である人を「貧困者（貧しい人）」と見て、国民の何％の人が貧困者かを示す「相対的貧困率（単に「貧困率」ともいう）」が、国際比較をする上でつかわれています。

日本の相対的貧困率は先進国のなかでも高い。子どもに関していうと、義務教育である小学校には通えるが、塾に通うお金がなく教育格差が生まれたり、必要な道具が買えず部活動の機会が失われたりするなどの問題がある。

世界の国ぐにの貧困

10ページでは、世界の貧困の状況を見ましたが、ここでは、3つの国のなかで生まれている貧富の差を見てみます。

● イギリスの発展と衰退

日本と同じ島国であるイギリスは、18世紀後半から19世紀にかけて起こった産業革命[1]以来、世界中の海にのりだし、カナダからオーストラリア、インドや香港などをつぎつぎに植民地にしていきました。しかし、そうしたイギリスの勢いは、第一次世界大戦までのことでした。

第二次世界大戦後、イギリスは世界の覇者の地位をアメリカにゆずりわたします。それでも、国内では「ゆりかごから墓場まで」[2]をめざし、世界でいちはやく福祉国家をつくりあげることに成功。ところが、経済がしだいにいきづまってしまい、1960年代以降は「イギリス病」とまでよばれる不景気に苦しみます。1980年代、マーガレット・サッチャー首相が経済を立てなおすためにさまざまな改革（民営化[3]、行政改革[4]、規制緩和[5]など）をつぎつぎに実施。その結果、ロンドンを中心に金融産業などが大きく成長をとげます。そして1990年代に入ると、イギリス経済はなんとか回復しますが、一方で失業者が大量に発生。この背景には、海外から多くの移民がやってきて、安い賃金で働くようになったことなどがありました。こうして、かつての福祉大国イギリスも、貧富の差がどんどん拡大する国となってしまったのです。

[1] イギリスではじまった技術革新による産業・経済・社会の大変革。
[2] 国家の社会保障によって、生まれたときから死ぬまで豊かな生活を送れるようにしようという制度をあらわす言葉。
[3] 国や地方自治体がおこなっていた事業を民間の企業にまかせること。
[4] 国や地方自治体のこれまでの制度を見なおしたり、人員をへらすなどして効率のよい行政にかえること。
[5] 企業活動を活発にする目的で、国などがこれまで課していたさまざまな法規制をゆるめること。

20世紀前半に労働者のくらしの向上を目的として建てられはじめた「カウンシルエステート」とよばれる公共住宅。現在も低所得者向けの住宅としてイギリス全土に点在し、地方自治体が管理する。

● アメリカ社会の現実

アメリカでは貧しい人びとの多くは、「ゲットー」とよばれる粗末な家の集まった場所に住んでいます。その一方、高所得者たちは自分たちの住む範囲を壁でかこい、外部の人が容易に入れないようにしています。このような「お金持ち」だけのまちは「ゲーテッドタウン」とよばれています。ゲーテッドタウンは、1970年代後半から1980年代にかけて経済格差が拡大

するとともに、犯罪が激増して社会不安が高まるなかで登場しました。近年、コンピュータやデータ通信などの技術が発達し、「IT化」がどんどん進むアメリカでは、ITと関係ない仕事をしている人の賃金がさがる現象が見られます。

白人・黒人・ヒスパニック*などの人種間や都市部といなかのあいだでも、いまだにインターネット利用率などに格差が生じていて、それが経済格差につながっているのです（「情報格差」とよばれる）。

*アメリカでスペイン語を話す人たちの総称。

ニューヨークのゲットーの子どもたち。

富裕層のくらすカリフォルニアのゲーテッドタウン。

ニューヨークの中心をなす大都市、マンハッタン。

● 中国の急成長

中国では2003年、胡錦濤政権が誕生します。2020年のGDP（→p11）を2000年の4倍にするという目標を立て、農村部でも「衣食がなんとかまにあう状態」から生活を向上させ、「衣食が足りた状態にすること」をめざす「改革開放政策」を発表。それが成功し、経済が大きく発展しました。GDPも大きく成長。首都北京には、2012年に「現代城」という高層ビル群ができました。ここに住んでいるのは、実業家や起業家など「新富裕層（ニューリッチ）」とよばれる人たちです。また、沿岸部の大都市には、大型テレビや大型冷蔵庫などをそなえた高級マンションに住み、高級車にのるような豊かな生活をする人たちが急増。その一方で、そのすぐ近くにある市場で働く人びとのなかには、地方からやってきた貧しい人たちがたくさんいます。また、「蟻族」や「鼠族」などとよばれる社会の底辺にくらす絶対的貧困の人たちもどんどん増加しています。「蟻族」は、大学を卒業しても安定した職につけずに、家賃が安くてせまい住宅で共同生活を送っている若い人たちのことです。北京市内には蟻族が10万人以上いるといわれています。また、蟻族よりもさらにきびしい生活を送っているのが「鼠族」です。鼠族は、地方から北京に働きに出てきたものの、一般の住宅は家賃が高すぎて手が出ないため、地下のせまい住宅でくらしている人たちをさします（鼠族の年齢や学歴はさまざま）。

北京の複合ビル「SOHO現代城」。

出稼ぎ労働者として北京郊外で生活する家族。

15

③ 日本は豊かな国？ それとも貧しい国？

きみはどっち だと思う？

2020年現在、日本のGDPは総額で世界第3位ですが、国民1人あたりで見ると順位はぐっとさがってしまいます。しかも、近年は相対的貧困（→p10）の割合が増加しているのです。

日本の1人あたりのGDP

1人あたりのGDPとは、国のGDPを人口でわった値のことです。日本のGDPは総額では世界第3位（→p11）なのに、1人あたりにすると順位が低くなる理由としては、高齢で働かなくなった人が増加していることなどがあげられています。

日本がほかの国とくらべて豊かかどうかを考えるよりも、日本のなかでの相対的貧困について考えることのほうが重要だといわれています。

日本を探してごらん。

●国・地域別1人あたりのGDPランキング（2018年）

順位	国・地域名	GDP*	順位	国・地域名	GDP	順位	国・地域名	GDP	順位	国・地域名	GDP	順位	国・地域名	GDP
1	ルクセンブルク	115,536.21	21	フランス	42,953.27	41	チェコ	23,112.59	61	コスタリカ	12,039.11	81	ドミニカ国	7,541.63
2	スイス	83,161.90	22	イギリス	42,579.82	42	ギリシャ	20,317.18	62	アルゼンチン	11,658.22	82	タイ	7,448.12
3	マカオ	81,728.23	23	イスラエル	41,728.19	43	スロバキア	19,579.31	63	ロシア	11,289.44	83	セントビンセント・グレナディーン	7,353.72
4	ノルウェー	81,549.98	24	ニュージーランド	41,204.71	44	リトアニア	18,994.38	64	モーリシャス	11,228.11	84	セルビア	7,223.00
5	アイルランド	78,334.87	25	アラブ首長国連邦	39,709.01	45	オマーン	18,969.99	65	マレーシア	11,072.39	85	トルクメニスタン	7,064.74
6	アイスランド	74,515.47	26	日本	39,303.96	46	ラトビア	18,032.62	66	グレナダ	10,939.29	86	ペルー	7,007.17
7	カタール	70,379.49	27	イタリア	34,320.75	47	バルバドス	17,758.08	67	セントルシア	10,754.68	87	コロンビア	6,641.51
8	シンガポール	64,578.77	28	韓国	33,319.99	48	セントクリストファー・ネービス	17,512.58	68	赤道ギニア	10,453.13	88	エクアドル	6,367.59
9	アメリカ	62,868.92	29	バハマ	32,996.80	49	アンティグア・バーブーダ	17,464.34	69	メキシコ	9,796.98	89	南アフリカ	6,353.85
10	デンマーク	60,897.23	30	クウェート	30,969.44	50	ウルグアイ	17,014.13	70	中国	9,580.24	90	リビア	6,287.65
11	オーストラリア	56,420.20	31	スペイン	30,733.17	51	セーシェル	16,574.68	71	トルコ	9,405.32	91	ベラルーシ	6,283.48
12	スウェーデン	54,356.07	32	ブルネイ	30,668.37	52	ハンガリー	16,484.19	72	カザフスタン	9,401.21	92	フィジー	6,208.26
13	オランダ	53,228.27	33	マルタ	30,608.50	53	トリニダード・トバゴ	16,378.65	73	ブルガリア	9,313.83	93	マケドニア	6,100.40
14	オーストリア	51,343.51	34	キプロス	28,341.05	54	パラオ	16,195.28	74	レバノン	9,251.21	94	ナミビア	6,012.73
15	フィンランド	49,737.55	35	スロベニア	26,145.65	55	チリ	15,901.73	75	ブラジル	8,958.58	95	パラグアイ	5,934.18
16	サンマリノ	48,948.13	36	バーレーン	25,482.74	56	パナマ	15,642.82	76	モンテネグロ	8,762.68	96	イラク	5,881.52
17	香港	48,450.61	37	台湾	25,007.75	57	ポーランド	15,425.68	77	ナウル	8,562.25	97	スリナム	5,798.16
18	ドイツ	47,662.49	38	サウジアラビア	23,538.94	58	クロアチア	14,870.42	78	ドミニカ共和国	8,340.96	98	ボスニア・ヘルツェゴビナ	5,754.74
19	ベルギー	46,695.99	39	ポルトガル	23,437.39	59	モルディブ	14,571.31	79	ガボン	8,220.40	99	イラン	5,416.53
20	カナダ	46,290.22	40	エストニア	23,330.28	60	ルーマニア	12,269.84	80	ボツワナ	7,973.14	100	ジャマイカ	5,406.37

＊GDPの金額の単位は100万ドル。

出典：IMF - World Economic Outlook Databases

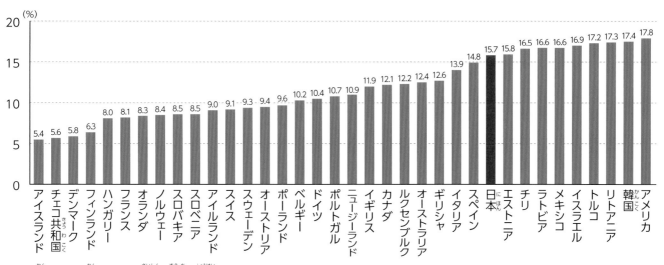

●OECD加盟国の相対的貧困率*

*2014年から2019年のあいだの最新の数値を集計。

出典：OECD

日本の貧困

　日本には絶対的貧困はほとんど見られないといわれています。その理由としては、絶対的貧困の状況を救済するしくみである「生活保護制度」があることなどがあげられます。これは、食べ物や生活にこまっている人に対して、国が現金などを支給する制度のことです。

　一方、国際的に見ると、相対的貧困率や格差をあらわす指標であるジニ係数が、先進国を中心とする経済協力開発機構（OECD）の加盟国のなかで高い位置にあります。

　近年、生活保護を受けている世帯（生活保護受給者数）が増加しています。1995年には約60万世帯だったのが、2017年には164万世帯となっています。ところが、ほとんどの日本人は、

日本はとても豊かな国だと考えているといいます。なぜなら、日本には飢餓に直面しているような見た目の人がほとんどいないからです。

もっとくわしく

ジニ係数

　所得や資産の分布の不平等の程度をあらわすために、イタリアの統計学者コッラド・ジニが考えだした数値のこと。0と1のあいだの値で示される。完全に平等なときに最小値0で、不平等度が大きいほど1に近づく。たとえば、だれか1人が所得をひとりじめし、残り全員が所得がない場合には、ジニ係数は1になる。

④ 世界の絶対的貧困の原因

絶対的貧困をひきおこす原因にはさまざまなことが考えられます。
ここでは、戦争や病気、異常気象や自然災害など、
世界各国の絶対的貧困の原因を見てみましょう。

近年、難民の数がどんどんふえているんだよ。

戦争・内戦によって

　戦争や内戦で家族の働き手の命がうばわれると、農村の人びとは作物をつくれなくなり、都市にくらす人びとも収入がなくなります。

　いたるところが爆撃や砲弾などで破壊され、生活に必要な電気やガス、水道が停止し、多くの人びとが命の危険にさらされます。そうした人びとのなかには、住んでいたところを追われ、難民として国外にのがれる人もいます。

イラク北部の難民キャンプ。

もっとくわしく

難民支援

　国連難民高等弁務官事務所（UNHCR）では、戦争や内戦をのがれて他国へ避難した難民に対し、食料の配給や健康管理、教育の支援などの救援活動をおこなっている。2018年の時点で、UNHCRの統計による世界の難民の数は2590万人。その多くがシリアの難民だ。

アンゴラの内戦で破壊された建物。

事故・病気によって

戦争や内戦が終わっても地雷や不発弾が国土のいたるところにあり、その爆発によって家族の働き手を失ったり、手足をなくしたりする事故が世界各地で起きています。

一方、世界中で感染症が流行し、多くの人がなくなっています。世界では毎年何百万もの人が、結核、マラリア、肺炎、エイズなどの感染症にかかって死亡しています。2020年も新型コロナウイルスのパンデミック（世界的な大流行）が起き、多くの人がなくなりました。

また、下痢が多くの人の命をうばっています。上下水道が整備されていない不衛生な環境と汚染された水が主な原因です。

貧しい家庭では、親が事故や病気により働けなくなると、子どもは学校にいかないで働かなければなりません。学校にいけずに教育が受けられなかった子どもは、おとなになっても安定した仕事につけず、貧しい生活からぬけだせません。このような状況を、「貧困の連鎖」といいます。

個人の借金によって

個人がする借金には、大きくわけて2種類あります。よりよい生活をするための「前向きの借金」と、病気の治療のためとか、必要な食べ物を得るためなど、ふだんの生活をとりもどすためにする「うしろ向きの借金」です。人は、借金、とくにうしろ向きの借金によって貧困になることがあります。

開発途上国では、借金のために、自分たちが食べるためにつくった作物を売ったり、自分の土地を売ったりして返済金をつくったりすることがよくあります。借金返済のために、子どもを働かせることもあります。

世界でもっとも貧しい国といわれている中央アフリカ共和国の子どもたち。紛争の激化により、難民・国内避難民はあわせて120万人にものぼり、人口の約半分が国際的な支援を必要とする状況が続いている。

開発途上国では、教師の数が足りないため、1人が担当する子どもの数が多く、教育の質も低下しているといわれている。

国の借金によって

　ある国が別の国から借りているお金（対外債務）は、開発途上国全体で約7兆8000万ドルにのぼります（2018年時点）。右下の表は、対外債務が各国の国民総所得（GNI）*のどれくらいの割合をしめているかを示しています。比率の数字が大きいほど国民にとって大きな負担となります。国が借金を返済できるうちはいいのですが、戦争や内戦が起こったり、感染症が広がったりすると、借金を返済できなくなることがあります。そうした国では、必要な教育費や医療費などをけずって返済にあてることがあります。その結果、その国の人びとは、よりきびしい生活に追いこまれてしまうのです。

＊国民が国内外で1年間に得た所得の合計。

もっとくわしく

重債務貧困国

　中央・南アメリカやアフリカなどの地域では、GNIに対する債務の割合が100％以上の国が多い。100％以上というのは、国民全体の所得を合計しても、外国から借りた借金を返せないということ。「重債務貧困国」とは、世界でもっとも貧しく、もっとも重い債務を負う途上国。2020年3月現在、36か国が認定されている。そのうち30か国がアフリカの国だ。

●開発途上国の対外債務残高（GNI比）（2018年）

順位	国名	比率	地域
1	モンゴル	254 %	アジア
2	ジブチ	158 %	アフリカ
3	レバノン	145 %	中東
4	モンテネグロ	142 %	ヨーロッパ
5	ジョージア	111 %	ヨーロッパ
6	ブータン	109 %	アジア
7	ジャマイカ	108 %	中央アメリカ
7	モザンビーク	108 %	アフリカ
9	カザフスタン	106 %	ヨーロッパ
10	キルギス	103 %	ヨーロッパ
11	モーリタニア	93 %	アフリカ
12	ニカラグア	91 %	中央アメリカ
13	ラオス	90 %	アジア
13	チュニジア	90 %	アフリカ
13	ウクライナ	90 %	ヨーロッパ
16	カーボベルデ	89 %	アフリカ
17	アルメニア	87 %	ヨーロッパ
18	ボスニア・ヘルツェゴビナ	80 %	ヨーロッパ
19	パプアニューギニア	78 %	オセアニア
20	ベリーズ	77 %	中央アメリカ

出典：世界銀行

異常気象によって

近年、地球上のいたるところで異常気象が発生し、熱波やはげしい日照りが続き、砂漠化が進んでいます。その影響で、世界各地で飲み水がなくなったり、作物をつくれなくなったり、牧畜ができなくなったりしています。生活ができなくなった農村の人びとはどんどん都市に流れこみますが、そこでも住む家や仕事がなく、絶対的貧困におちいってしまいます。

台風や地震によって

雨がまったくふらない土地がある一方、近年、巨大台風（サイクロン、ハリケーン）におそわれる地域もあります。それらの被害にあうのは貧しい人が多いといわれています。住んでいるところからにげることもできず、命を落としているのです。また、巨大地震は、ところかまわずやってきます。貧困に苦しむ人たちがくらす土地で巨大地震が発生すると、その後、貧困がさらに拡大します。

サイクロンにおそわれ、浸水した住居。

偏見がつくる貧困

「偏見」とは、根拠のないかたよった見方のこと。世界には、肌の色、宗教や性別、身分などによる偏見がいまだに多く見られます。偏見は貧困に直結します。なぜなら、偏見によって仕事につけなかったり、ついたとしても、条件の悪い仕事だったりするからです。ヨーロッパなどで移動生活をする民族ロマは多くの偏見を受けてきたため、「世界でもっとも貧しい民族」の１つだといわれています。ハンガリーではロマの60〜70％が仕事につけず、イギリスでは20％が極度の貧困におちいっています。

もっとくわしく

インドのカースト制度

「カースト制度」とは、バラモン（僧侶）、クシャトリヤ（王侯・武士）、ヴァイシャ（平民）、シュードラ（隷属民）という４つの階層からなる身分制度。そしてカーストに属さないダリット（不可触民）がもっとも差別を受ける。紀元前1200〜1000年ごろの古代インドのバラモン教聖典『リグ・ヴェーダ』にその起源があるという。1950年、この制度にもとづく差別はインド憲法で禁止されたが、カースト制度自体は廃止されていないため、現在もダリットの人たちは貧困に苦しんでいる。

●偏見と差別がもたらす世界の貧困

ルーマニア・・・・・・・・・・・

ルーマニアではその昔、ロマが奴隷として働かされていた歴史があり、現在でも差別を受けている。ロマはルーマニアの総人口の約10％をしめるが、その約半数が1日わずか3.3ユーロ（約400円）以下で生活している。

ロマの家族。

コンゴ民主共和国・・・・・・・・・

コンゴ民主共和国は、世界のなかでも男女の格差が大きい国とされる。男性の失業率より女性の失業率のほうが高く、2016年の段階では女性世帯主世帯の61.2％が貧困ライン以下であった（貧困ライン以下の男性世帯主世帯は54.3％）。

コンゴ民主共和国の首都キンシャサ。

女性に対する偏見と差別

民族に対する偏見や差別はもちろんですが、女性に対する偏見や差別は、開発途上国でも先進国でも、いまなお多く残っています。

ミャンマー ・・・・・・・・・・・・

ミャンマーのイスラム系少数民族のロヒンギャは、宗教や民族を理由にミャンマーから国籍を取りあげられたため、どこの国からも保護されない難民にならざるをえなくなった。主に難民キャンプですごすロヒンギャは就業の機会がなく、貧困にさらされている。

ロヒンギャの難民。

アメリカ ・・・・・・・・・・・・・・・

アメリカの子どもの相対的貧困率は、OECD加盟国のなかでも高いほうだ。人種別にいうと、そのうち黒人やヒスパニック系の子どもの貧困率が、白人の子どもの貧困率の3倍ほど高くなっている。

アメリカのなかで黒人人口が8割をしめるミシガン州・デトロイト。

日本 ・・・・・・・・・・・・・・・・

男女間の賃金格差が大きい日本。1999年には、男性の賃金に対する女性の賃金の割合は64.6％。2018年には73.3％と改善されてきた。それでも、主要先進国（G7）のなかでもっとも格差が大きい。

日本の雇用環境はまだまだ男女平等とはよべない。

> 偏見は、開発途上国にも先進国にもあるよ。

　そのなかでもとくに日本は、男女格差が非常に大きい国だといわれています。
　本来、人が教育を受けたい、仕事（就職）をしたいと願うとき、すべての人が、平等にその機会をあたえられなければなりません（機会の平等→『不平等』の巻）。でも、日本ではいまだに入学・就職試験の際、男女が平等にあつかわれないことがあります。「非差別の原則」＊とよばれる国際的基準に達していないのです。

＊入学や就職試験の際、性別や年齢、学歴によって差別をしてはいけないという決まり。

⑤ わたしたちにできること

貧困をなくすには、世界の貧困 (→p12〜23) についてしっかり理解することが重要です。そのつぎには、いきなり世界の貧困をなくすためにどうするかということより、身のまわりの貧困について調べ、理解し、自分にもできることは何かを考えることが大切です。

子どもにもできること

「世界の貧困についてしっかり理解する」とは、具体的につぎの3つを知ること。子どもにもできることは、この3つの視点で自分のまわりのようすを調べることからはじまります。

- 貧困の実態を知る
- 貧困の原因を知る
- 貧困の悪影響を知る

たとえば、現代の日本では、「子どもの貧困」が問題になっています。29ページのグラフは、日本全体の貧困率と子どもの貧困率を示したもの。2012年には子どもの貧困率が過去最高の16.3％になりました。いまでも子どもの7人に1人が相対的貧困です。そして、そうした子どもたちのなかには、貧困が理由でなかまはずれにされたり、いじめられたりしている子どももいます。こうした実態を知り、その原因を知る。そして、それがその子にどれほどの悪影響をおよぼしているかを知る。こうしたことが、「わたしたちにできること」なのです。

貧困について深く理解すれば、貧困に苦しむ子どもをなかまはずれにしたり、いじめたりすることはなくなるはずです。貧困が原因で不登校になっている子どもがいれば、その子がなかまに入れるようにしていくことも大切です。

子ども食堂

「子ども食堂」は、地域住民や自治体などが主体となり、無料または低価格で子どもたちに食事を提供する場。名前に「食堂」とついていますが、そこではいっしょにあそんだり学習したりすることも多いといいます。おとなも参加できるのがふつうで、地域住民のコミュニケーションの場となっているのです。

もともと子ども食堂は、民間の自主的・自発的な取りくみからはじまりました。最初の子ども食堂は、食事をじゅうぶんにとれない子どもたちがいることを知った東京都大田区の青果店の店主が、2012年にはじめたといわれています。現在は全国に広がり、その目的も、子どもの貧困対策、孤食（1人だけでの食事）の解消や地域の交流など、さまざまです。活動日も、月に2回、毎週1回のところもあれば、毎日のところもあります。

決め手は「キャリア教育」

「キャリア教育」とは「1人ひとりの社会的・職業的自立に向け、必要な能力や態度を育てることを通してキャリア発達[1]を促す教育」[2]のことです。

いま、貧困対策として、キャリア教育に注目が集まっています。なぜなら、子どものころから社会的・職業的自立をめざすことが、貧困対策となるからです。学校にいけなかったために、おとなになっても貧困に苦しむ人がたくさんいます。キャリア教育は、子どもがそうならないために役立つ教育なのです。

[1] 社会のなかで自分の役割をはたしながら自分らしい生きかたを実現していく過程のこと。
[2] 中央教育審議会「今後の学校におけるキャリア教育・職業教育の在り方について（答申）」より。

もっとくわしく
キャリア教育

学校教育法によると、学校にいく目的は「思考力、判断力、表現力その他の能力をはぐくみ、主体的に学習に取り組む態度を養うこと」となっている。「思考力、判断力、表現力その他の能力」は国語や算数などの教科を学ぶことなどで身につく能力、「主体的に学習に取り組む態度」は自発的に学習していこうとする態度のこと。こうした態度を育てるのが、キャリア教育なのだ。

⑥ だからSDGs目標1

国連は2000年、「ミレニアム開発目標（MDGs）」とよばれる目標を立て、「国連ミレニアム宣言」を発表。世界は、SDGsができる前のMDGsから、絶対的貧困の撲滅に取りくんできました。

MDGsの成果と限界

絶対的貧困の世界全体にしめる割合は、1990年に36%だったのが、2015年には10%とへってきました。これはMDGsの取りくみの成果だといわれています。しかし、残念ながら世界（地球上）から絶対的貧困を一掃するまではおよびませんでした。そこで、MDGsについで2015年につくられたSDGsの1番目の目標は、「貧困をなくそう」になりました。今度こそ貧困をなくそう（2030年までに）と、世界のすべての国が誓いあったのです。

世界各国の政府開発援助（ODA）

政府開発援助（ODA）とは、経済的に豊かな先進国が開発途上国に対し、お金を貸したり、成長するための技術を支援したりすることです。これまで、アメリカや日本などの先進国は開発途上国に多額の援助をおこなってきました。GDP（→p11）がそれほど大きくないスウェーデンやノルウェーなども、積極的に援助をしているのがわかります。

目標1：極度の貧困と飢餓の撲滅

目標2：普遍的な初等教育の達成

目標3：ジェンダーの平等の推進と女性の地位向上

目標4：幼児死亡率の引き下げ

目標5：妊産婦の健康状態の改善

目標6：HIV／エイズ、マラリア、その他の疫病の蔓延防止

目標7：環境の持続可能性の確保

目標8：開発のためのグローバル・パートナーシップの構築

MDGsのロゴと目標だよ。

出典：国連広報センターホームページ

●援助国上位10（2018年）

順位	国名
1	アメリカ
2	ドイツ
3	イギリス
4	日本
5	フランス
6	スウェーデン
7	オランダ
8	イタリア
9	カナダ
10	ノルウェー

●受け入れ国上位10（2018年）

順位	国名
1	インド
2	アフガニスタン
3	インドネシア
4	シリア
5	バングラデシュ
6	エチオピア
7	イラク
8	ヨルダン
9	ベトナム
10	ナイジェリア

出典：OECD

くもの巣チャートで考えよう！

SDGsのとくちょうの1つとして、17個のうちどれかの目標を達成しようと
すると、ほかの目標も同時に達成していかなければならないということがあります。
ここでは目標1と強く関係するほかの目標との関連性を見てみます。

1つの目標の達成が、
ほかの目標の達成度に影響を
あたえるんだね。

3 貧困をなくすには、健康でいることも必要。経済的に
苦しい生活をしている人は、病気によって貧困におち
いってしまう。経済的に貧しくても、適切な医療と保障を受
けられる環境をつくることが重要だ。

4 教育が受けられていない
人は、よりよいくらしを
したいと思っても、生活をかえ
るのはむずかしい。また、教育
を受けていない人の子どもも貧
困となりやすい（貧困の連鎖）。
性別や経済力、年齢などにかか
わらず、すべての人が質の高い
教育を受けられる環境は、貧困
解消の要件となっている。

2 貧困をなくすには、
飢餓をなくすことが
必要。飢餓に苦しむ人は地
球上におよそ8億人もい
て、それによって命を落と
す人や健康に生きられない
人がたくさんいる。開発途
上国にかぎらず先進国でも
飢餓があり、空腹が続けば
貧困からぬけだす努力をす
ることは困難だ。飢餓を広
げない努力が必要。

5 雇用や給与、家事分
担をはじめ、社会の
意思決定への参加など、多
くの場面で女性は弱い立場
に追いやられることが、貧
困につながっている。女性
が自分の人生を自分で決
め、能力を発揮することで
社会が進歩する。それに
よって貧困も減少する。

10 貧困をなくすことと、差別をなく
すことは、同じことだ。なぜな
ら、差別が貧困につながっているから
だ。また、差別をなくすためには、経済
的・社会的に弱い立場の人への支援が必
要となる。

8 経済成長と働きがいのある社会が実現す
れば、貧困はなくなると考えられている。
人の生活を犠牲にして成りたつ経済成長ではな
く、働きがいのある人間らしい仕事をすべての
人が得られることこそ、貧困解消の要件だ。

目標1のターゲットの子ども訳

SDGsの全169個のターゲット*¹は、もともと英語で書かれていました。それを外務省が日本語にしたのが下の　　のもの。むずかしい言葉が多いので、このシリーズでは、ポイントをしぼって「子ども訳」をつくりました。

1.1　2030年までに、極度の貧困を終わらせる。

1.2　2030年までに、各国の貧困者の割合を半分にへらす。

1.3　各国で社会保障制度を整備し、2030年までに、貧困者をきちんと保護する。

1.4　2030年までに、貧困者や社会的弱者（弱い立場の人たち）が必要なサービスを受けられて、土地や財産をもち、資源や技術などを平等に利用できるようにする。

1.5　2030年までに、気候変動による自然災害や経済危機などに対する貧しい人びとの強靭性（立ちなおる力、復元する力）を高める。

1.a　貧困を終わらせるために、開発途上国などに対して、必要な資金や人材を援助する。

1.b　貧困をなくすために必要な投資をおこなえる社会をつくる。

あらゆる原因による貧困をなくす必要がある。

だれもが快適な住居をもてるように。

目標1のターゲット（外務省仮訳）

1.1　2030年までに、現在1日1.25ドル未満で生活する人々と定義されている極度の貧困をあらゆる場所で終わらせる*²。

1.2　2030年までに、各国定義によるあらゆる次元の貧困状態にある全ての年齢の男性、女性、子供の割合を半減させる。

1.3　各国において最低限の基準を含む適切な社会保護制度及び対策を実施し、2030年までに貧困層及び脆弱層に対し十分な保護を達成する。

1.4　2030年までに、貧困層及び脆弱層をはじめ、全ての男性及び女性が、基礎的サービスへのアクセス、土地及びその他の形態の財産に対する所有権と管理権限、相続財産、天然資源、適切な新技術、マイクロファイナンスを含む金融サービスに加え、経済的資源につ

いても平等な権利を持つことができるように確保する。

1.5　2030年までに、貧困層や脆弱な状況にある人々の強靭性（レジリエンス）を構築し、気候変動に関連する極端な気象現象やその他の経済、社会、環境的ショックや災害に暴露や脆弱性を軽減する。

1.a　あらゆる次元での貧困を終わらせるための計画や政策を実施するべく、後発開発途上国をはじめとする開発途上国に対して適切かつ予測可能な手段を講じるため、開発協力の強化などを通じて、さまざまな供給源からの相当量の資源の動員を確保する。

1.b　貧困撲滅のための行動への投資拡大を支援するため、国、地域及び国際レベルで、貧困層やジェンダーに配慮した開発戦略に基づいた適正な政策的枠組みを構築する。

*1　SDGsでは17の目標それぞれに「ターゲット」とよばれる「具体的な目標」を決めている。

*2　SDGsが採決された2015年9月には「極度の貧困」の定義は「1日1.25ドル」だったが、2015年10月に世界銀行が「1日1.9ドル」にひきあげた。

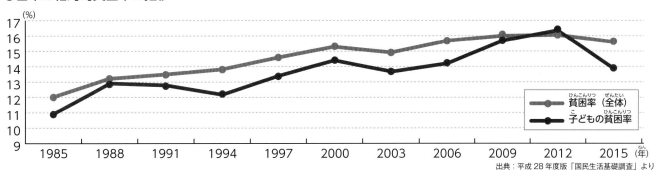

SDGs 関連資料

これまで日本では、国民全体の貧困率が子どもの貧困率を上回っていましたが、
2012年に子どもの貧困率が全体の貧困率をこえました（その後は回復）。
子どもの貧困というと開発途上国のことのように思われがちですが、そうではありません。

●日本の相対的貧困率の推移

凡例：
- 貧困率（全体）
- 子どもの貧困率

出典：平成28年度版「国民生活基礎調査」より

「子どもの貧困率」とは、相対的貧困率のうちの17歳以下の子どもの数値のこと。上のグラフは国民全体の相対的貧困率と子どもの相対的貧困率の推移です。

近年日本では、親のリストラや倒産、失業などにより、生計を維持することがむずかしい世帯が増加しています。親の仕事がうまくいかなくなれば、子どもも貧困におちいります。

でも、子どもの貧困の理由は、親の仕事によるものだけではありません。その理由としては、親の離婚などによるひとり親世帯で、

とくに父親がおらず、母親が主なかせぎ手となっていたり、かせぎ手や家族のだれかが病気や事故などにあったりして、じゅうぶんな収入を得られないことがあげられています。とくに、日本は仕事をもつひとり親世帯の貧困率が非常に高く、OECD加盟国中、最悪となっています。

●OECD加盟国のひとり親世帯の貧困率＊（2012年）

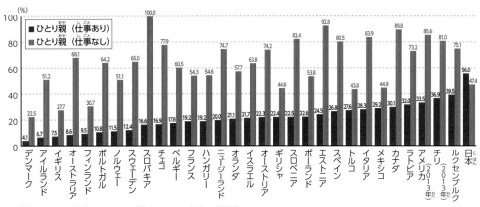

＊数値はおとな1人で子どもを養育している家庭の貧困率。

ドイツ、アイスランド、韓国、スイスはデータなし。

SDGs 関連用語解説

経済協力開発機構（OECD） …………… 17、23、29

先進国によって構成されている、国際経済全般について協議することを目的とした国際機関。2020年現在、OECDの加盟国は、EU加盟国（22か国）とその他（15か国）の合計37か国となっている。

・EU加盟国（22か国）

オーストリア、ベルギー、デンマーク、フランス、ドイツ、ギリシャ、アイルランド、イタリア、ルクセンブルク、オランダ、ポルトガル、スペイン、スウェーデン、フィンランド、チェコ、ハンガリー、ポーランド、スロバキア、スロベニア、エストニア、ラトビア、リトアニア。

・その他（15か国）

アイスランド、ノルウェー、スイス、トルコ、イギリス、アメリカ、カナダ、日本、オーストラリア、ニュージーランド、メキシコ、韓国、チリ、イスラエル、コロンビア。

人種 …………………………………… 14、23

人類を骨格や皮膚の色などからだのとくちょうによって区別した場合の種類。ふつう白色人種（白人）・黒色人種（黒人）・黄色人種にわけられる。

生活保護制度 ………………………………… 17

日本国憲法に定められた、国民に対して「健康で文化的な最低限度の生活」を保障する制度。生活保護法がつくられ、その第1条には「国が生活に困窮する国民に対し、必要な保護と自立を助長することを目的とする」という内容が記されている。

世界銀行 …………………………………………… 6

開発途上国が必要とする資金や技術援助などをおこなう国際機関。ふつうの銀行とはことなり、貧困をなくすことや、開発の支援といった明確な目的のもとで、現在、1日1.9ドル未満でくらす人びとの割合を2030年までに3％以下にへらすこ

と、各国の所得の下位40％の人びとの所得をひきあげることの2つを具体的な目標としてかかげている。

難民 …………………………………………… 18、23

1951年につくられた「難民の地位に関する条約」によると「人種、宗教、国籍、政治的意見や特定の社会集団に属するなどの理由により迫害を受けるか、迫害を受けるおそれがあるために他国にのがれた人びと」と定義されている。だが、現在では、紛争や人権侵害などからのがれるために国境をこえた人も難民とよぶ。また、国境をこえずに国内にとどまって避難生活を送っている「国内避難民」も難民とよぶことがある。

ひとり親世帯 ………………………………………… 29

母親か父親のどちらかと、その子どもで生活する家庭。「単親世帯」。母親の場合は「母子家庭」「シングルマザー」、父親の場合は「父子家庭」「シングルファーザー」などともいわれる。

福祉国家 …………………………………………… 13

教育、医療、生活環境など、生活していく上で必要とする福祉サービスをすべての国民に提供する国家。

偏見 …………………………………………… 22

かたよった見方や、ゆがめられた考えかた・知識によって、個人や集団の人に対して悪意をもったり、敵対的な態度をとったりすること。

ことなる人種や宗教に対してまちがった認識をもったり悪い感情をいだいたりすることを「人種的偏見」「宗教的偏見」などという。

※数字は、関連用語がのっているページを示しています。

さくいん

■著
稲葉茂勝（いなばしげかつ）
1953年東京生まれ。東京外国語大学卒。編集者としてこれまでに1350冊以上の著作物を担当。著書は80冊以上。近年子どもジャーナリスト（Journalist for Children）として活動。2019年にNPO法人子ども大学くにたちを設立し、同理事長に就任して以来「SDGs子ども大学運動」を展開している。

■監修
渡邉 優（わたなべまさる）
1956年東京生まれ。東京大学卒業後、外務省に入省。大臣官房審議官、キューバ大使などを歴任。退職後、知見をいかして国際関係論の学者兼文筆家へ。『ゴルゴ13』の脚本協力も手がける。著書に『知られざるキューバ』（ベレ出版）、『グアンタナモ　アメリカ・キューバ関係にささった棘』（彩流社）などがある。外務省時代の経験・知識により「SDGs子ども大学運動」の支柱の1人として活躍。日本国際問題研究所客員研究員、防衛大学校教授、国連英検特A級面接官なども務める。

■表紙絵
黒田征太郎（くろだせいたろう）
ニューヨークから世界へ発信していたイラストレーターだったが、2008年に帰国。大阪と門司港をダブル拠点として、創作活動を続けている。著書は多数。2019年には、本書著者の稲葉茂勝とのコラボで、手塚治虫の「鉄腕アトム」のオマージュ『18歳のアトム』を発表し、話題となった。

■絵本
文：高橋秀雄（たかはしひでお）
1948年栃木生まれ。日本児童文学者協会会員。うつのみや童話の会代表。2009年に『やぶ坂に吹く風』（小峰書店）で第49回日本児童文学者協会賞受賞。他に『地をはう風のように』（福音館書店 第58回青少年読書感想文全国コンクール課題図書）など多数。

絵：やないふみえ
1983年福島生まれ。2010年ごろから展示活動を多数おこない、児童書・書籍・教材・新聞などの挿絵を手掛ける。谷本雄治作の児童文学『百川小学校ミステリー新聞』シリーズ（あかね書房）の絵などで知られる。

■編さん
こどもくらぶ
編集プロダクションとして、主に児童書の企画・編集・制作をおこなう。全国の学校図書館・公共図書館に多数の作品が所蔵されている。

■編集
津久井 恵（つくいけい）
40数年間、児童書の編集に携わる。現在フリー編集者。日本児童文学者協会、日本児童文芸家協会、季節風会員。

■G'sくん開発
稲葉茂勝
（制作・子ども大学くにたち事務局）

■地図
周地社

■装丁・デザイン
矢野瑛子・佐藤道弘

■DTP
こどもくらぶ

■イラスト協力（p28）
くまごろ

■写真協力
p12：yanmo / PIXTA(ピクスタ)
p13：©sunfreez-Fotolia.com
p14：©Mark Rasmussen ¦ Dreamstime.com
p14：©Joe Sohm ¦ Dreamstime.com
p14：©hit1912-Fotolia.com
p15：©Tonyv3112 ¦ Dreamstime.com
p15：ロイター/アフロ
p18：©Hagen Berndt ¦ Dreamstime.com
p18：©Alan Gignoux ¦ Dreamstime.com
p19：©EU/ECHO/M.Morzaria
p20：©Joe Sohm ¦ Dreamstime.com
p21：©Timwege ¦ Dreamstime.com
p22：Touam (Hervé Agnoux)
p22：MONUSCO/Myriam Asmani
p23：Foreign and Commonwealth Office
p23：MJCdetroit
p25：川口こども食堂

SDGsのきほん 未来のための17の目標② 貧困 目標1　　　　　N.D.C.368

2020年7月　第1刷発行　　2023年1月　第4刷

著　　　　稲葉茂勝
発行者　　千葉 均　　編集　片岡陽子
発行所　　株式会社ポプラ社
　　　　　〒102-8519　東京都千代田区麹町4-2-6
　　　　　ホームページ　www.poplar.co.jp
印刷・製本　図書印刷株式会社

Printed in Japan

31p 24cm
ISBN978-4-591-16707-6

絵本作家からのメッセージ

　わたしはこれまで「貧困」を舞台に児童文学を書いてきました。今回SDGsの目標ごとに絵本を書くという話がきたとき、目標1の「貧困」を書くと名乗りをあげました。

　改めて「貧困」について考えると、貧困がさまざまな弊害の集まりのように思えてきます。貧困に結びつく「飢え」があり、犯罪もあり、差別も生みだします。本来、希望をもつ手立てであるはずの「教育」に目を向ける余裕もないのです。

　子ども食堂といえば、ひとり親家庭の子どもやネグレクトにあっている子どもがくるところだと思っていました。子ども食堂に子どもをおいておけば、時間を負い目なくつかえると考える母親の子どもがきているところだと。

　でも、最近になって、ある子ども食堂のことを知り、考えがかわりました。そこには、食べたい子ども、手伝いたいおとなが集まっていました。地域の人が提供してくれた食材でボランティアの人たちが食事をつくっているあいだ、子どもは宿題をしたり、おとなといっしょに工作したり将棋をしたり……。むかえにきたお母さんは片づけを手伝いながら、情報交換をしたりおしゃべりしたり。子育てや仕事で息づまった気持ちのガス抜きをしたり、ボランティアさんに子育ての悩みを打ちあけて涙したり、笑ったり……。

　その子ども食堂には「貧困」からくるひがみすら見えません。「貧困をなくそう」という思いが新たな知恵を生みだしているように、わたしは感じました。そんなわたしも、自分にできることを、と思い、巻頭の絵本をえがいたのです。

高橋　秀雄

SDGsのきほん　未来のための17の目標

全18巻

G'sくんのつくりかた 写真

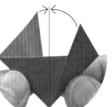

G'sくんは
ぼくだよ。

パーツⒶⒷは同じ色の折り紙でつくるよ。

ⒶⒷの順につくってから合体してね。

Ⓐ Ⓑ

パーツⒶのつくりかた

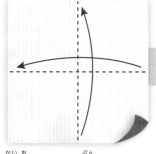

2回折って、4分の1にする。

すべて
開く。

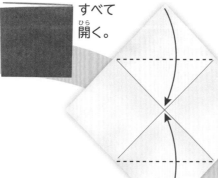

中心に向けて折る。

まん中であわせる

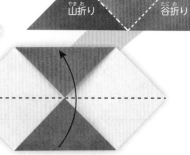

山折り　　谷折り

半分に折る。

パーツⒷのつくりかた

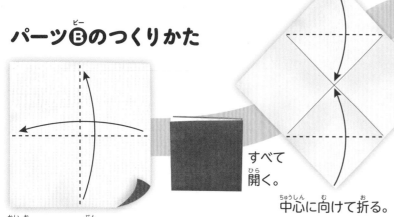

2回折って、4分の1にする。

すべて
開く。

中心に向けて折る。

半分に折る。

半分に折る。

まん中であわせる

谷折り　　山折り

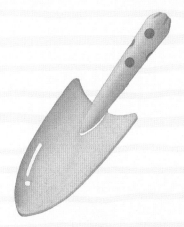

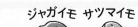

スコップ

土をすくうのにつかう。

ぐんて

土をほったり、イモをしゅうかくしたりするときにつかう。

ひりょう

土にまくやさいのえいよう。やさいに必要な成分が入っている。

かんさつのじゅんびもわすれずに

●かんさつカード
さいしょはメモ用紙にかいてもいいね。

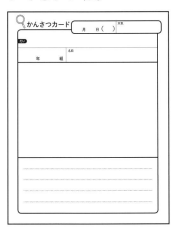

@この本のさいごにあるので、コピーしてつかおう。

●ひっきようぐ
絵をかくための色えんぴつも用意しよう。

●じょうぎやメジャー
長さや大きさをはかるのにつかう。虫めがねもあるといいね。

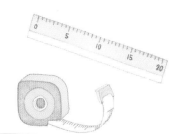

外から帰ったら手あらい、うがいをわすれずに!

うえてから
4〜5か月
くらい

サツマイモが
たくさんできたね！

つるを切って
まわりの土をほり、
イモをゆっくり
引きぬこう

しゅうかくしよう
▶26ページを見よう

おぼえておこう！

植物の部分の名前

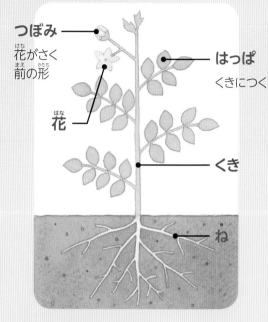

つぼみ
花がさく
前の形

はっぱ
くきにつく

花

くき

ね

花の部分の名前

めしべ

おしべ

花びら
いろいろな色や
形がある

がく
花のいちばん
外がわにある

くらべてみよう！

花びら

がく

がく

アサガオの花

ヒマワリの花

サツマイモがそだつまで

どんなふうにそだつのかな？ どんなせわをするといいのかな？

スタート！
1日目

うえてから
2～3か月
くらい

はっぱの
ようすを
見てみよう

つるが
長くなったね

2～3mくらい

30cmくらい

つるを持ち上げて
ねを切り、うねに
かぶせよう

はたけに
うえるよ

このままにして
おくと、イモが
大きくならないよ

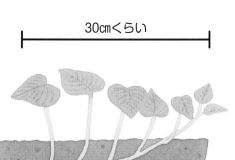

なえをうえよう
▶24ページを見よう

つるがえしをしよう
▶25ページを見よう

この本のつかい方

この本では、ジャガイモ・サツマイモのそだて方と、かんさつの方法をしょうかいしています。

●ジャガイモ・サツマイモがそだつまで：そだて方のながれやポイントがひと目でわかるよ。

この本のさいしょ（３ページから６ページ）にある、よこに長いページだよ。

●ジャガイモをそだてよう：そだて方やかんさつのポイントをくわしく説明しているよ。

かんさつ名人のページ
やさいをそだてるときに、どこを見ればいいか教えてくれるよ。

やさい名人のページ
やさいをそだてるときのポイントや、しっぱいしないコツを教えてくれるよ。

うえてからの日数
だいたいの目やす。天気や気温などで、かわることもあるよ。

かんさつカードを
かくときの参考にしよう。

かんさつポイント
かんさつするときに参考にしよう。

ジャガイモのしゃしん
タネイモやはっぱ、花、イモのようすを、大きな写真でかくにんしよう。

そだて方の説明